밀밭의 어린왕자

박상옥 시집

찬샘

밀밭의 어린왕자

초판1쇄 발행 2024년 9월 30일

지은이 : 박상옥
편집 디자인 : 문민경
펴낸곳 : 찬샘
출판등록번호 : 제447-2007-000005
주소 : 충북 음성군 음성읍 중앙로130
전화 : 010-3507-3567
팩스 : 043)873-3567
이메일 : byh050@hanmail.net

*책값은 뒤표지에 있습니다
*저자와 협의아래 인지를 생략합니다
*저자 허락과 출판사 동의없이 내용의 일부를 인용 발췌를 금합니다

ISBN 978-89-97376-81-0

후원 | 충주시 충주문화관광재단

본 시집은 충주시, 충주문화관광재단의 후원을 받아 충주문화예술 지원사업의 일환으로 발간되었음

밀밭의 어린왕자

1부 제빵일기

섣달	15
르방	16
빵 이름	17
배꼽	18
건강허니빵연구소	19
제빵일기	20
건강한 빵구소	28
저는 밀입니다	29
밀은 네 번이나 기절해서 빵이 된다	30
돌장승	31
빵의 인사	32
지구	33
오늘도 무사히	34

2부 밀밭의 어린 왕자

빵을 읽는다	37
투명한 여름	38
밀밭의 어린왕자	39
밀 밥	40
무심(無心)	41
상생 농법	42
절규	43
어린 왕자와 숨은그림	44
하루	45
천국 놀이터	46
밀사리	47
태몽	48
밀밭 밟기	49

3부 노을 나이

다솜	53
춤추는 엉덩이	54
한 입	55
세상에 큰 거울	56
꽃이 아니다.	57
너무 애쓰지 마시게	58
눈물	59
탑평리 칠층석탑	60
빵 시인	61
노을 나이	62
단풍이 깃든 시간	63
눈물 나무	64
초승달	65

4부 단정한 슬픔

봉숭아	69
흙을 담는다	70
네 마음을 보여줘	71
검은 나무	72
갈대	73
딴청	74
불쏘시개	75
꼬 -옥	76
목어 2	77
독백	78
사라지는 마을	79
뱀	80
카페 공화국	81

 5부 날마다 뻥치는 여자

날마다 빵치는 여자	85
간(間)	86
골목 빛	87
사과	88
돌아온 왕자	89
힘내!	90
사막은 살아있다.	91
감자 빵을 만들며	92
석종사에서	93
두상꽃차례	94
채송화	95
단정한 슬픔	96
빵의 시작	97

(작가노트)

밀밭의 산책은 늘 혼자였다 나무가 새잎 걸음마로 허공을 디뎌 가지를 키우듯이 불안함을 디뎌 꽃피고 열매 맺기까지 쉽지 않았다. 만남이란 것은 내가 아니라 서로를 위한 것, 어둑한 길에 넘어져서 무릎을 꺾을 때 비로소 알았다. 내 속에서 흘러나온 그림자는 사랑을 원하는 피였음을 도대체 사랑은 아무리 욕을 해도 통 알아먹지 못했다.

먹고 사는 빵 하나에도 우주가 보였다 빵 하나에 바람이나 물이, 꽃이나 사람이 보였다. 뒤늦은 나이에 기꺼이 희생하는 빵이 된 기분을 아무도 이해하지 못했다. 그런데도 빵을 만드는 발효 공부는 좋았다. 빵 하나의 신비가 별들의 우주여행보다 못할 것이 없다고 생각한다. 소소한 일상을 사는 나와 이웃이 시가 되고, 빵이 되고, 목숨이 되는 가르침을 희망으로 받아안는다.

1부
제빵일기

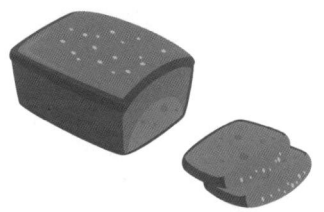

섣달

눈 내리는 밤조차 한없이 발효되어

하늘에 둥근 원광으로 떴네

천지에 흰 가루 흩날리는 설경

한 조각 구름이 먹어가는

두둥실 환하게 부푸는 빵

우러러 뱃속이 편안한, 저 하늘에

누가 구름 반죽을 잘 치대어 놓았네

르방

제빵사가 매일 밥을 먹여

곱으로 키운 병졸 숫자는

일주일에서 열흘이면

한주먹에 5억 마리로 자라나

향 방귀를 뿜는다

주먹 한 덩어리가

수박덩이로 커지는 생명의 기적을

태초부터 빵이라 했고

겉은 바삭하고 속은 촉촉한 빵을 자르면

수수 억 병졸들이 먹고 놀던 자리 숭숭하다

자존심 바수어져야 살아내는 세상

빵이 빵에게 건네는 말은

"저 살아있어요. 저 밥 주세요.

배고프다 종일 뽀글뽀글 말한다

가루가 빵으로 건너간 흔적을

제빵사는 시간 무늬라 읽는다.

빵 이름

일본에서 온 미치고는 팡이라 부른다

프랑스에서 온 미즈 찬은 팽이라 부른다

베트남에서 온 찬은 바인미라 부른다

영국인은 브레드,

독일인은 브로트(brot)

네덜란드 사람은 브루트(brood)라 불리는데.

한국에 빵이라는 이름은 포루투칼에서 왔다.

빵이 되기 위해 발효를 시작하면

알래스카의 활강바람도 효모에 일을 말릴 수 없다

자라기 시작하는 사춘기 소년처럼

어머니 동동주 항아리에서 움직이던 파도처럼

한바탕 축제를 끝내고 승리한 이름이 빵이다.

빵이란 이름을 따라가면

보글보글 뽀글뽀글 바글바글 부글부글

공기 방울이 서로 부풀어 오르는 소리가 보인다.

배꼽

지구는 생명이 꽃피는 빵들의 마을
이웃이며 형제는 서로 빵이 된다.
지구엔
사람을 이기는 사람
사막을 이기는 사람
전쟁에 승리하는 사람은 있어도
허기로 가득한
빵을 이기는 사람은 아무도 없다
이쁘다
배꼽을 드러낸 사람들

건강허니빵연구소

이름을 버린 곡식들 생명이
아름다운 남자의 새벽을 엽니다.

효모들이 잠시 잠이든 알곡을 깨우는 동안
오븐에선 이내 구수한 냄새가 풍겨 나옵니다

오븐을 열면 뜨거운 빵들이
뜨거운 심장에 안깁니다.

한 계절 치열하게 살아낸 밀알들이
남자와 숨 쉴 수 있게 해주는 곳입니다

빵빵빵 부풀며 터지는 삶의 노랫소리가
빵빵빵 터지는 구수함으로 하루를 시작합니다.

제빵일기

1.
사람들은 모르지 제 속에 빵 하나가 매일 부푸는 것을
누군가를 만날 때 다정함이 건너가는 것을
이러저러한 일이 부풀어 오르며
향기롭고 구수하게 하루가 익는 걸 모르지
너의 오지에 깃대를 꽂는 평화
드디어 부풀어 오르는 마음을 읽는다면
빵 굽는 어린왕자를 알겠지

2.

엄마, 세상에서 힘이 센 단어가 빵이란 걸

누구나 알까요

숨 쉬는 공기가 빵빵 부풀지 않으면

빵에 바람이나 비나 천둥이 스미지 않으면

너와 나 우리의 존재도 없었다는 걸,

누구나 알까요.

3.
빵 자른 단면에 구멍들
구멍이 클수록 숨쉬기 편한 세상 이치가
빵 하나에 가득하다
아주 멀리 찾아가 빵을 먹으면
우리가 먹는 건 찢어진 구멍투성이
숨 쉬는 공기로 태어난 만남

4.

제빵사는

빵 먹는 사람 그 입을 좋아한다.

빵을 먹고 나서

"아. 맛있어"라는 말이 얼마나 향기로운지

그 입 내일을 위하여 빵을 굽는다.

5.

엄마란

먹는 것을 사랑으로 베푸는

세상에 깨끗한 이름

지금까지 목숨을 사랑한 사람

앞으로도 목숨을 사랑하는 사람

6.
먹고 먹히는 모든 것이 빵이니
세상에 빵 보다 좋은 것은 없다.
발효되어 성장하는 몸
존경받는 생명

7.

슬픈 빵은 아무도 먹지 않아서

출렁출렁 행복한 가락

금빛 밀밭은

······

빵이 필요한 오늘을 안긴다.

8.
몸이 자물쇠 푸는 소리를 내는 새벽
무덤과 빵의 문장 사이에 한 줄기 햇살이 스민다.
비구름이 십자가에 내리는 한나절
반죽을 부풀려 효모들 노래를 굽는다
유모차 끌고 가는 할머니 등을
달무리가 둥근 빵으로 저녁을 비춘다.

건강한 빵구소

들어서면 비발디의 봄이 마중합니다

어린 왕자가 키우는 발효 빵엔

반죽에 슬픔도 행복도 보람도 넣었기에

대포 소리 천둥소리 듣고 잘 부풀었습니다

벽면엔 농사짓는 밀밭 사진이 출렁이고

차이콥스키 1812년 서곡이 배웅합니다.

저는 밀입니다

아프가니스탄 캅카스에서 태어나 5000년경에 재배되기 시작한 오래된 나를 석기인은 돌칼로 이삭을 잘라 갈 돌 갈 판 돌확에 부대껴 껍질을 벗겼고, 야생의 나를 거둬 경작을 시작했다.

우리나라에선 경주의 반월 성지, 부여의 수소산 백제의 군량 창고에서 나를 발견, 삼국시대 이전 BC 200 -100, 나를 재배 했고 3세기에 일본에 전해주었다. 생산량이 적어 귀하게 대접받다가 1965년 자급률이 27%나 되었으나. 전쟁이 후 무상원조 유상수입을 대량 들어와 자급률 0.8%에 이르게 되었다.

세계 최대 생산국은 중국, 유럽연합, 인도, 러시아가 순이다. 나는 식량안보를 보장하고 빈곤퇴치에 도움이 되는 필수 곡물이다. 나는 날씨 변화에 영향을 받으니, 더운 지방에선 재배가 안 된다. 특별히 나는 산소를 발생시키는 대표적인 저탄소 식량작물. 더운 날씨로 밀 농사 안되어 밀 수출을 금하는 나라가 생겼다.

어린 왕자 제빵사는 밀밭의 영토를 갖는 꿈을 꾼다. 밀밭에 어린왕자의 망토 자락이 휘날리는 동안 지구마을 나의 밀밭은 영원하리라.

밀은 네 번이나 기절해서 빵이 된다

서늘한 가을날에 씨앗 틀 때

샅샅이 껍질이 벗겨져 수확될 때

뼈도 없이 온몸 부서질 때

물을 만나 멋모르고 부풀다 빵으로 거듭 태어날 때

천국 지옥 연옥 따지지 않고

기꺼이 생명으로 건너오고 건너간다.

세상 아기들도 그런 지경에서 오신다.

식탁에 빵이 걸어서 간다.

문밖은 언제나 내일이다.

돌장승

툭 튀어나온 눈코입에 빵을 붙인 듯
모닝빵 코에 숭숭 바람들었다.

일생 부처와 사바의 곳간을 일러주느라
삐죽 나온 송곳니는 닳아서 작아졌다

슬픈 듯 웃긴 표정
헤벌쭉한 입에 빵조각을 넣어주니
기다린 듯 새가 날아들어 먹는다

일생 낙엽만 걸쳐도 행복한 것인지
입안에 들어온 빵도 적선하고
호탕하게 웃는다.

빵의 인사

잘 발효된 빵을 들여다보면,
초록 밀을 덮어가는 밀밭
눈 녹여 봄 해갈하는 뿌리
밀 베는 콤바인 뒤에서
날아가고 날아오르는 새 떼가 보인다.

갓 구운 빵 배달을 가면,
연수동 거리를 앞서가는 구수한 냄새
빵들의 언어를 앞세운 여자
캄캄했던 날도 가끔 섬광이 된다.

겉은 바삭하고 속이 촉촉한 문장을
빵이라 읽는 사람들이 생기는 까닭은
빵 속에 한, 세상이 익었기 때문이다.

지구

나무가 부풀어 숲이 자란다.

사람이 나고 동물들이 자란다.

사는 맛 다 품어 주느라

고루고루 자전하며 자란다.

둥글게 둥글게 쉼 없이 구르는

지구는 우주의 빵이다.

오늘도 무사히

 식빵 치아바타 흰빵 둥근빵 머핀 플랫브래드 트위스트 테이블롤 베이글 루스티크 크로아상 호밀크로아상 멜랑제 바타르 에피 리스빵 쿠글로프 푸가스 케익 도우넛 소세지빵 스위트롤 우유식빵 블란서빵 단과자빵 생크림빵 폴만식빵 더치빵 호밀빵 귀리빵 보리빵 쌀빵 옥수수빵 데니슈페스트리빵 모카빵 버터롤빵 그리시니빵 밤식빵 버터톱빵 녹차빵 통밀빵 쵸코식빵 치즈식빵 머드레느 파운드케익 단팥빵 바게트 마늘빵 식빵 생강빵 캄파뉴 슈톨렌 세이렌 포그네 푸가스 오일펌프 브리오슈 호두빵 프랜치토스트 커트리빵 피셀난 크러핀 크로넛 뺑어쇼콜라 몽셀. 카스타드 사과빵 사과롤 단호박 롤 단호박케익 클린베리식빵 크린베리 바게트 감빵 대추빵 콩빵 만두빵 고구마빵 대추빵 홍국빵 커피빵 딸끼빵………

 세계의 아침은 제 이름을 치켜들고 빵들이 태어난다.

2부
밀밭의 어린 왕자

빵을 읽는다

빵은 동사도 되고 감탄사도 되지만
단순한 명사가 되어서는 안 되는 이유가 있다.

시계는 잠시 꺼 둘 수 있지만, 빵의 시간은 멈출 수 없다
허기와 만복의 한 뼘 거리를 겸허히 받드는
빵은 맛있게 먹히기 위해, 기어이 부풀고 뜨겁게 익는다

아기 먹일 것이니 쌀로만 만들어 주세요
빵처럼 동그란 보조개를 지닌 아빠
빨주노초파남보 쫄쫄이를 입는 엄마
총총총 다녀가는 빵들의 길
문에 걸린 풍경소리 까르르 혼자 웃다가
거리의 풍경들이나 사람들 자취를 가만히 품는
빵은 언제나 살아있다.

투명한 여름

물을 마시고 엄마 쪽으로 소녀가 뛰어간다.

소녀가 입을 댔던 그 수도꼭지에

금방 맺힌 그 물방울 하나를

새 한 마리가 날아와 마신다.

목마른 새의 부리가 닿았던

투명하니 짧은 잠시에

나도 주저 없이 입을 댄다.

밀밭의 어린왕자

마음도 날씨 따라 흐리고, 개이고, 퍼붓던 날
첫 번째 콤바인이 실패하고 돌아간 뒤
다시 온 콤바인을 맞아 수확하는데
이거, 기계 임대료 안 나와요.
밭이 질고 경사라 더 못해요.
두 번째 콤바인도 가버린 후,
외국인 노동자 데려와
청동 칼 사용하던 수렵인처럼 밀을 베는데
시간 맞춰 번역기를 들이대더니 가버린다.
땅의 주인은 외국인 아니라지만,
반월형 석도보다 좋은 21세기 낫이라 좋았건만
조상은 이보다 못한 낫으로 후손 먹여 살렸건만
오토카니 밀밭의 어린 왕자를 낫달이 품는다.

밀 밥

입안에서 쫄깃쫄깃 톡톡톡 터지는 밥이다.

씹을수록 달달 하고 구수한

이승은 먹고 살 때까지야

장석주 시인의 대추보다 100배나 작지만

잘 먹고 살라고 찐하게 들려주는 밥이다.

무심(無心)

어미는
어린 왕자의 손이 빵에 닿을 적마다
공기 구멍 겹겹 노래가 퍼지는걸
부서진 시간이 숨을 내어 쉬는 걸 들었다.

살아 빵으로 쓰러질 적마다
빵을 더 깊이 끌어안으며 쓰다듬었다
빵의 노래가 다 마르고
돌처럼 단단해진 이후 당신은
돌의 무게로 마른 빵 앞에 무릎 꿇어야 하리

사라지지 않아야만 하는 밀밭을 위하여
고단한 어린 농부가 넘어질 때마다
그 어미가 울었으니
누구나 남은 생을 두고 속죄해야 하리

상생 농법

망초 냉이 꽃따지 피고 진 자리, 쇠비름도 바랭이도 신났다. 명아주를 감아올린 메꽃이나 털비듬도 우쭐한다. 논에 사는 피도 갈대처럼 키를 키웠으니, 빈자리 없이 구석구석 텃밭을 차지했다.

낮달도 햇빛도 강아지 닭 고양이도 슬쩍 들어가 뒷일을 본다. 슬리퍼를 끌고 나온 여자가 끝물 토마토를 딴다.

수를 놓던 옛 여인처럼, 손톱이 닳도록 풀을 뽑는 까닭은 풀 뽑는 동안엔 잡념 들 틈이 없기 때문, 살아내자고 물길을 돌렸더니 농사를 짓느냐며 갑자기 물로 보는 사람 많다

어쩌다 비 내려 못 뽑고
비 그쳐 뽑으려니 키가 커서 못 뽑고
작물들 더러더러 풀 속 여자처럼 조용히 녹는다.

절규

그 저녁 무서운 노을 때문에
호수도 사람도 코끼리도 기린도
온통 핏물이라
지구의 비명이 내 안에 차올라
고막이 터지고 눈알이 튀어나오려고 했다.

에케베르그 언덕에서 가족 장례식을
치렀던 뭉크 기억에 불안했던 나는
미친 그림에 빙의된 여행자
내 안에 살던 뭉크가
오카방고 델타가 품고 있는
불안과 공포 때문에 목놓아 울었다

오카방고 델타에 다시 가고 싶다.

어린 왕자와 숨은그림

어항 속 빤히 보이는

백치는 흰 이빨이 가지런한 물고기

은빛 미소에 눈꼬리

두 미간에 평행으로 얹힌 눈썹

계산 없는 웃음에

짠 내 비린내도 없이

친구를 데려오기도 하고

함께 눈 찡끗 감아도 준다.

때로 척추 세우다 죽은 백치는

쓸개 없이 태어난 물고기

펄떡거리는 심장 소리

다하지 못한 사랑의 말들을

먼, 행성에서 지구까지

어린왕자가 열심히 데려오고 있다

하루

동그랗게 빵이 부푸는 이유는 지구의 명령을 따르는 것

생명은 모서리가 없도록 끝끝내 구르는 일이라서

태양도 지구도 별도 꽃도 기어이 둥글어야 한다.

사람의 머리가 둥근 것처럼 둥근 네 얼굴처럼

우리 먹는 동그란 입의 일처럼

둥근 것들이 빛난다.

천국 놀이터

태풍에 쓰러진 바오밥 나무 위에서
아이들이 가위바위보 놀이를 하고 있다.
배꼽참외처럼 배꼽이 볼록한 아이들은
흙 기름 바른 날렵한 원시 종아리를 가졌다.

황토 말이 되어 서로의 등을 타고 오르는 동안
누운 나무를 내려다보는 살아있는 바오밥이
비단 치마폭처럼 눈부시고
젖가슴처럼 탐스러운 꽃을 내린다.

수수만 겹눈을 감아 온 역사는
껍질 벗겨 상처 내도 견뎌왔노라.
불에 그슬려 이지러져도 살아냈노라.
가지 몇 개쯤 잃어도 버텨왔노라.

천년 바오밥이 누워서 치루는 장례식을
까마득한 높이서 어린왕자가 지켜보고 있었다.

밀사리

먼지 이는 신작로 하곳길에선 아이들이 밀청대를 꺾었다. 석기인이 되어 돌을 부딪치거나 마른풀 종이 위에 막대를 세워 돌렸다.

손이 까매지도록 구운 밀을 비벼 먹으면 노릇노릇 고소한 밀이 입안에 가득했다.

꼬질꼬질한 땟국물 얼굴들이라 친근함이 더했다.

밀 풍선 하나씩 입에 달고 마을을 들어서면 어린 조무래기들이 부러워하며 따라붙었다. 껌을 벽에 붙여놓았다가 또 씹곤 했다.

우리밀 체험마당에 유치원 아이들도 수녀님도 입이 까매지도록 즐기며

"어머 정말 껌이 만들어지네, 고소하니 옛날 맛 그대로야!" 추억을 쏟아놓는다

저탄소 지구를 위해 부족한 물을 위해 너도나도 밀 농사해 보자고 밀가루 흰 웃음을 보태는 여자, 밀투성이로 고달프게 사는 것이 억울하기는커녕 어깨에 은근히 힘이 들어가는 여자

성냥이 흔해지고 쉽게 불을 만들면서 밀사리는 잊혀졌다.

태몽

쏟아지는 유성과 벼락과 천둥 사이로

몰아치는 비를 타고 커다란 뱀이 내려왔다.

뱀 머리에 서서 손을 흔들며 어린왕자가 미소졌다.

살아오면서 이해하기 힘든 일이 생길 때마다

어머니는
얘야, 아들 지혜로운 아들이 오시겠구나

처음 만난 파란 밤이 일생을 두고 생생하다

밀밭 밟기

 강강술래 둥근 안으로 장화 신은 아이들이 뛰고 강아지가 뛴다. 푸른 밀밭을 기원하는 사람들이 출렁이자 꽃샘추위도 마음 놓고 밀밭 위를 달린다.

 스님 목사님 수녀님 선생님 학생 친구 이웃 모두가 나란히 손을 잡았다. 서릿발 녹이는 봄바람에 뿌리 마르지 않게 한마음으로 꼭꼭 밟는다.

 영민한 호모하빌리스가 돌도끼를 들고 동굴을 빠져나오지 않았던들
 빙하기를 피해, 따뜻함을 경작하지 않았던들 밀밭은 없었다.

 불을 사용한 호모 에렉투스 아니면 빵은 없었다.

 200만 년 전 낮달이 푸른 눈으로 지켜보고 있었다.

3부
노을 나이

다솜

열 손가락 관절을 움직여 빵을 만들고

아픈 몸을 일으켜 밀밭 끝까지 갔다.

노을이 일렁이는 밀밭을 굽고 있었다

하루를 익히며, 수평의 문이 보였다.

어둠이 시 한 편

장엄한 빵을 드시는 게 보였다

춤추는 엉덩이

먼, 아프리카 마다가스카스 모른다바엔

얼굴 위에 얼굴을 칠한 여인들

갈대를 묶어 머리에 인 여인들

드러난 이가 드러난 가슴보다 빛나는 여인들

머리에 쟁반을 켜켜이 이고 가는 여인들

말린 바오밥 꽃을 팔아 사는 여인들

생이 아무리 무겁거나 가벼워도

걷는 엉덩이는 춤추는 노래가 된다네

여인들 누구나 레날라 숲의 어머니로 산다네

한 입

공룡이 한입을 먹는다
한 마리 토끼를 통째로 먹는다

바람이 한 입을 먹는다
가을을 통째로 먹는다

아기가 한입 밥을 먹는다
입 안 가득 오늘을 삼킨다.
한 입의 내일을 먹는다

누가 시키지 않아도
한 입의 사랑으로
천년이 넘어지고 다시 오고 일어선다.

세상에 큰 거울

그림자 없는 세상을 봤지
내가 나인 줄
너인 줄
세상에서 가장 큰 거울에 갇혀
하나인 짠맛을 알았지

눈 부릅뜨지 않아도 보였어.
고통을 허용하는 소금 거울
속이 빤히 들여다보여서
아무리 숨겨도
내가
네가
그가
서로에게 다 들켜버렸어.
그래서 우유니 소금이 됐다

꽃이 아니다.

아무리 돈 많아 좋은 일만 하고 살아도
색만 화려하면 꽃이 아니다.

길가에 앉아 낡은 옷자락을 여미는 저 노인은
삶의 무게로 갸웃 고개를 떨구는 참꽃

벙어리로 태어나 입 닫고 할 말 못 해도
부모라 불리는 빛, 오로지 참꽃

씨앗 하나 세상에 남기지 못하는 누구나
이승에 숙제를 못 했으니 절대 꽃이 아니다.

너무 애쓰지 마시게

 높은 자리 낮은 곳 가리지 않고 하나로 흘러가는 물이 좋더라 일머리 없는 사람이라 너무 자책하지 말아라 해 봐도 안 되는 일도 물처럼 흘러가게 내버려 두어라 가다가 바위를 만나면 한 참 머물러 생각해도 좋고 소용 돌고 돌다가 드디어 가장 낮은 곳 향해 물꼬 틀어 좋겠지. 흐르다 목마른 나무에 스며도 주고 또 흐르다 간절 꽃 한 송이 피워도 주고, 누군가 발도 씻겨 주고 네 얼굴도 씻어 가며 산 그림자 도 품어 천천히 바다를 생각하며 가시게

 세상이란 원래 몇 번은 깨지고 부서지고 멸망하지. 내일이 밤처럼 캄캄하기도 하지, 꽃으로만 보이던 얼굴이 어느 날 눈·코·입이 찢어진 귀신으로 덮치기도 하지. 그럴 때면 너 자신이 소중한 존재임을 잊지 않는 게 중요해 틈 없이 캄캄한 벽에 끼었을 때는 몸이 아니라 카랑한 비명이 빠르니, 빈 주먹 움켜쥔 허공을 향해 비명 크게 지를 수 있다면, 달이 태양이 새들이 나무가 들어 줄 거야. 폭포 소리 요란하면 바다가 가깝다는 것쯤은 저절로 알게 될 거야

눈물

눈물은 숨 쉬는 우주이니
숨이 숨으로 건너가는
그늘
아무려나 햇빛이
먹여주고 키워주고 나면
가만히 데려가는 몫이다

죽을 만큼 좋다 란
말을 들으면
죽음이 참 좋다는 느낌

나는 아직 바싹 말리지 못했다

탑평리 칠층석탑

탑 속엔 둥글게 쌓인 소리

가사 입고 경 읽는 소리

말 달리는 소리

꽹과리 북 치는 소리

슬픔도 기쁨도 분노도 껴안는 소리

전쟁 소리 아우성 소리

구구한 사연들이

바람의 중심을 잡으려는 소리

우주를 모각한 탱주를 갖춰 입고

어디서든 상서로운 저 높이

이끼 옷 지어 입고 입 다문 사나이

먼 북쪽 평원을 바라보는 우뚝한 자태

역사를 아닌 기적 하나 없다

*모각 ; 형상을 돌에 새김
*탱주 ; 넘어지지 않게 받침

빵 시인

언어의 집에 가난하게 살아도

사랑에 눈멀던 기억을 뉘우치지 않는다

기둥은 상징을 얹은 대들보

표현을 얹어놓은 지붕

말밭이 내다보이는 마루

주제를 벗어놓은 댓돌

일상을 비유한 옷가지들

벌레소리가 귀를 노크하는 창문

존재가 구체적이라서

토끼 사는 은유가 쉬웠던 달

한 방울 눈물로

무지개 시를 만들어도

목숨 된 사랑만큼만 빵을 만든다.

노을 나이

부글부글 끓어도
뜨겁지 않아

이글거리며 붉게 타도
데이지 않아

참 곱다고 하는
저 사람들

늙음을 입고 맘껏 웃는다

단풍이 깃든 시간

슬픔의 힘으로 밀어 올린 한 이파리의 분노가
이미 만인의 분노로 시작되는 것은 아닐까?
산하가 이토록 붉으니 冬土가 目前은 아닐까?

불타도 뜨겁지 않은 가을 아래서
억울함이나 슬픔이 분노로 바뀌면
단풍처럼 불에 타도 뜨겁지 않은 것일지도 모른다.

상념에 콧노래는 悲歌였다.
이 밤 흘낏 젖은 눈시울이 떠올라 내 슬픈 행복은 잠들지 못하고,
이미 붉은 이파리들은 어디서 바스러지거나
등을 동그랗게 말면서 바람에 뒤척이는지.

눈물 나무

바람 때문에 가까운 가지끼리 부딪쳤다.

바람이 계속 불자 서로의 어깨를 밀치더니 꺾어버렸다

바람 지난 자리마다 꺾어진 가지 수북했다

처음 피눈물로 싹 틔운 건 뿌리였는데

천만 가지가 있어도 뿌리는 하나인데

누구는 껑충껑충 뛰면서 운다.

누구는 주저앉아 운다.

초승달

어둠을 갈던
자폐는
가고 없는데

그 예리한 칼날에
가끔
한 시절이 베인다.

4부
단정한 슬픔

봉숭아

그해,

동여맨 봉숭아 물이

어머님 옥양목 이불에

연지를 찍어 놓았다

손톱에 초승달 뜨고

첫눈이 오시도록

그리움은 지워지지 않았다

흙을 담는다

게으르지 않게 하소서
변명하지 않게 하소서

거짓말하지 않게 하소서
비교하지 않게 하소서

생명에 충심이게 하소서
알차고 부드럽게 하소서

불평하지 않게 하소서
품은 것이 이루어지게 하소서

사람에 대한 희망을 놓지 않게 하소서

끝끝내, 사람이 되게 하소서

네 마음을 보여줘

누가 직설로 쿡 찌르며 공격할 때
너의 웃음이 안녕했으면 좋겠다.

삐딱한 비웃음을 방치하면
마음 무너지는 건 잠깐

하찮은 슬픔도 잘 다스려
네가 삼킨 최선의 침묵 때문에
네가 벙어리 돼버리기도 해

네 등 뒤에 모든 웃음은 불온하다
엄마를 찌르는 연습은 어때?
너도 직설로 쿡 찔러야 살 수 있어

검은 나무

봄부터 여름까지 한 그루 나무 빛이 까맣다.

지난가을 열매를 떠나보내지 않고
이파리도 떠나보내지 않고
다 끌어안은 채 서 있는 나무를
어느 날 벌레와 바람이 밀어버렸다
손을 놓지 못하는 나무
쿵, 쓰러졌다.

갈대

흐르던 길이 목마르면 더 흔들린다

신열을 앓던 기억

다 말라 버리면 꽃도 향기를 잃어버리는데

그리움을 꽃이 아니었나 보다

딴청

능소화 덩굴손이 바람을 타더니
담벼락을 움켜쥐었다.
할머니가 낫으로
담을 움켜쥔 능소화 가지를 잘라버렸다
"이것이 기생년의 꽃이여
잘못 건드리면 눈이 캄캄해지는 거야
맴 홀리는 년들이 왜 생겨나는지 원,,,
할머니 지청구를 듣고도 능소화는
해를 거듭해 꽃송이를 쏟았다.
어느 해 방문을 제치고 능소화를 바라보던 할머니
이쁘긴 허지 영감 뒤 꼭지에 달려오던
꼭 그년 맹키로
우야 든 나보다 오래 살 거구먼 저것이

불쏘시개

너는

누렇게 빛이 바랜 책을 읽지 않는다

나의 언어와 꿈을 깨알의 글자로 앉혀 놓고.

셰익스피어 정약용 바이런 윤동주 백석

먹빛 머리칼을 곤추세우던 날들

어쩌다 한 때 나의 전부였던

더러 찢어지고 오염된 책이

캠핑 고기 냄새 받침으로 쓰일 때,

슬그머니 한 존재가 버려진다.

꼬 -옥

오른손이 빵 먹는 사이
왼손은 남은 빵을 가만히 쥐고 있지

꽃 하나가 피는 사이
가지 끝에 꽃 하나는 주먹 쥐고 있지

문밖의 기다림
풀꽃 하나도 기어이 기다렸다 피지

목어 2

허무의 집이에요

귀 기울여
골짜기 소리로 내장 다 비우고
휘몰아치는 파도가 사는
바람의 집이에요

속내를 기웃거리던 구름이
비를 쏟고 가버리는 날
바다를 헤엄치던 물고기
전생을 내려놓는 집이에요

웃음을 울음으로 듣거나
울음을 웃음으로 듣는
마음이 보이는 집이에요.

독백

오븐 속 시간을 익히면 빵이 된다.

모자일까요. 아니면
빵 안에 코끼리가 들었을까요
보아뱀이 들었을까요?
끝없이 주고받던 귀엣말들
옷걸이에 걸어놓고 제빵실을 나서면

발효종끼리 밤새 한바탕 잘 놀라고
밀밭에 일던 어린왕자의 꿈이
살그머니 문을 닫는다

사라지는 마을

처음 노은면 대방골 밭머리에
집 세 채에 세 분 할머니가 사셨다.
콩 순을 잘라라 고추 북을 줘라 들깨 솎아라.
밀이나 땅콩이나 팥은 심지 마라
다정한 잔소리 숱하게 들었다
병원 다니다 요양원 가시고 하늘로 가시고
할머니도 집도 사라지고 농토만 남았더니
이제는 묵정밭도 지워져 풀숲이 되었다.
밭머리에 앉아 별자리를 가리켜도
반딧불이 없는 가로등만 밝아서
나이 들어 상처로 천둥 깃을 꽂아보는
도시 농부 여자
인적 끊긴 마을에 홀로 서서
문명에 헐벗은 계절을 만난다.

뱀

그가 내 몸을 감았다.

뱀을 몸에 둘러본 적 없는 나는
내 몸이 몹시 징그럽다.

그를 떼어내려 일을 할수록

그를 잊어버리려 일을 할수록

바닥이다.
바닥이면 일할 필요가 없는데

바닥도 온전한 생이라 뱀이 우긴다.

뱀을 춤추게 할 피리가 필요하다.

카페 공화국

풍경 좋은 자리에서 두 계절 한 번만 버티면
설법의 다도를 따로 펼치지 않아도 단골 숫자를 늘릴 수 있지

교화는 조용하고 은밀하게 무지개 풍문을 날리면 되는데
너 거기 가봤니? 묻는 순간 주술에 걸려든다지

지독한 더위 살벌한 추위가 싫은 신자를 적극적으로 환영하는데
누구는 안개 휘도는 월악 영봉을 바라보다 신선을 만나고
누구는 바다를 바라보다 고래를 봤다지

마시는 물로 사원에 들면 신자의 의무는 시간을 헌금하는 것
줄 서서 기다렸다 들어갈수록 기쁨이 크다지

휴일이면 빵을 먹고 차를 마시는 공화국엔 신자들이 넘친다지

5부
날마다 빵치는 여자

날마다 빵치는 여자

밥을 맛나게 먹고 밥값 내는 걸 잊는 여자, 아 하,
자기 머리를 콕콕 쥐어박다 머리에 뿔 난 여자
일상을 빵처럼 부풀리다 머리칼이 빵처럼 부푼 여자
빵 배달을 가다 넘어지자, 쏟아진 빵처럼 마음 부풀리는 여자.
빵 굽는 일상이 시(詩)를 굽는 일상이라 우기는 여자

광복절 날 구름 불러 대한독립 만세! 시 낭송을 마치고,
우리는 지금 얼마나 행복한가요. 말하며 울컥한 여자
빵 맛 없다 핀잔하면 달콤함에 건강을 뺏길래요?
톡 쏘는 여자,
천연 빵을 말할 땐, 눈이 별 총총 빛나는 여자
열 길 사람 속은 몰라도 빵 속은 억수로 잘 아는 여자

신춘 도깨비 맞아 며칠을 앓던 여자
도깨비가 되어 도깨비 빵을 굽는, 여자
눈물로 왔으니 눈물로 살다 눈물 마르면 가는 거라며
눈물 빵을 만들어 소금이 떨어지지 않는 여자
어린왕자를 만나 장미 대신 빵을 길들이는 여자
빵을 성형하다 계절을 패대기로 잊은 여자
더는 여자가 아니라도 괜찮다는 여자

간(間)

사이를 차지하는 건 언제나 그림자

사이에 끼어드는 것도 그림자

하나로 포개질 때만

아주 잠깐 사라지는 그림자

부부 사이
부자 사이
친구 사이
연인 사이
모자 사이

빵을 못 먹는 허기와
빵이 넘치는 포만 사이

골목 빛

어느 해

물지게 지고 오르던 신림동 골목이었어

아픈 색시 몰래 울던 그 남자,

들어주는 사람의 귓속으로 빨려 들어가

듣는 그네 눈에 넘치던 별빛이었어

옥탑방에서 연탄 쌓인 점방까지

쭈르륵 미끄럼 타던 꼬맹이들

떨어진 목도리가 놓인 길에서

연탄을 버리러 나왔다 마주친

남자 눈물 쟁여 둔 소라껍데기

그대, 아프다고 속삭여 봐

아프다고 말하면 정말 안 아파.

사과

딱!

사과를 쪼개어 먹다가

사과 씨앗을 보고 알았다

사과도 태어나

사랑하였다는 걸

사랑이 아니면 사과도 없었다는 걸

사과조차 사랑이라는 걸

돌아온 왕자

달빛이 변한 걸 본 적 있니

색깔 있는 눈물을 본 적 있니

숨 쉬는 산소가 보인 적 있니

안 올 테야, 하면서 다시 오는 봄

끊임없이 흔들리면서
끊임없이 흔들리고 싶다는 외침

못 하겠어! 하면서 기어이 해내는 너

힘내!

드난살이를 끝내고 캥거루가 되어
어미랑 사는 남자는
하고 싶은 일이 반대에 부닥치자
매운 눈에서 떨어진 눈물로
행복을 발효시키는 빵을 굽는다

푸른 초원을 누더기로 출렁거리던
바람을 내 달리던 말들이
밀밭에 이르러 서로 만난 것인데
어미와 사는 것을 두고 누가 왜
문 안이나 밖에서 함부로 흔들어대는지
자연이 발효되는 빵 맛만 좋으면
다 괜찮은 것이라며
눈물 쓰윽 닦아 눙친다.

사막은 살아있다.

사막에선 살기 위해 인연을 새로 짓는다

태어나자마자 엄마를 잃어버린 낙타를 위해
한 남자는 마두금을 켜고
한 남자는 서러운 마두금의 가락에 맞추어
절절히 구성진 노래를 부른다.

새끼를 두고 가는 어미를 위해 부르는 것이 아니다.
엄마 없인 절대 못 사는 새끼낙타를 위한 노래다

생과 사의 갈림길은 천륜을 가르는 애련함,
남자는 서러운 가락에 눈물 흘리는 낙타에게
새끼낙타를 데려다 젖을 물린다.

애간장 끊으며 낳지 않는 목숨에 젖을 물리는,
마두금 가락이 사막을 살린다.

감자 빵을 만들며

삶은 감자를 앞에 놓고
"허니야 봐봐.
감자는 뜨거울 때 껍질이 잘 벗겨지고
뜨거울 때 잘 으깨져"

반죽 치던 손으로 빵 접고
감자 벗기던 손으로 오븐 예열 올리고.
급한 마음 비집고 바쁜 한숨이 샌다.

"엄마, 제가 멀티가 안되어 죄송해요.
남자는 원래 멀티가 안되거든요
남자만 세 명이라 우리는 엄마가 힘드시죠
삶도 사랑도 감자처럼
뜨거울 때는
다 벗어놓고 다 내려놓겠죠"

아무렴, 아무렴
깨달음의 시작은 멀고도 가깝다

석종사에서

벚꽃잎 날리는 밀밭을 뒤로하고
봄비에 젖어 석종사를 찾았습니다.

바람에 일렁이듯 나풀나풀 일어나선
다시 납작납작 엎드리는 자태
108배를 꽃으로 피우는
복숭아 이마를 가진 여인이
바랄 수 없는 걸 바라는 듯
누군가를 위하여 웁니다
.
대웅전 신발로 숨어든 꽃잎처럼
아름다움을 붙잡는 성긴 발자국이
동백 꽃잎을 밟는 뜨락
무지개 상여를 얹는 절간 처마 아래
촛농이 울컥 부처 미소를 흘립니다.

두상꽃차례

사랑한 이 하늘로 간 이후
떡갈나무 사이로 빛 스미고
빛그린 머리 위로
비둘기가 내려앉곤 했지

처음엔 들국화라 불렸어.
편지를 쓰면서
아홉 마디마다(九節草),
그리운 밤들이 피고 또 폈지

뼈아픈 마디마디 새벽 슬하에
도토리 소리에 별이 떨어지고
보랏빛 언덕에 달이 기울면
새 울음도 사모의 시편

단 한 번 사랑한 죄로
그리움을 사는
구절초 그 여자

채송화

키 크고 화려하지 않아서

참 아름다운 당신

지구처럼 둥근

꽃 가장자리를 따라가면

당신 눈물 없으면

살 수 없어서

가끔 울다 만나는

낮은 당신

단정한 슬픔

처음엔 비가 내렸다 비가 눈으로 변했고 비와 섞이면서 차츰 하얀 세상을 칠했다.

눈만 내리면 사방 전화를 걸어 설렘을 쏟던, 여자는 투명하고 습해진 내면을 들킬까
말을 삼켰다. 세상이 조용해졌다.

남자가 보내온 음악은 오후 내내 무거운 눈송이를 바라보기 좋았다.
바쁜 이가 음악을 켰을 시간을 가늠하며, 눈길을 좀 걸었다.

내 안의 누가 과거를 헤집어 생을 통째로 흔든다.
하늘을 올려다보면
까마득한 눈송이마다 천국으로 가는 계단.
내 아는 이름들 저마다 환하고 희다.

빵의 시작

빵을 만드는 효모는 어디에나 존재한다. 곡물이나 무엇을 내버려 두면 그냥 부풀어 오르거나 변화하는 것이 발효다 처음엔 물과 곡물을 갈아서 불에 달군 돌에 구워 먹었다. 빵은 신라에서 시작한 밀 부침이고 인도에 난이고 이탈리아 피자다 그리스인들은 이집트인들로부터 발효 기술을 배웠고 다양한 빵을 만들었다. 로마인들은 빵 기술을 발전시켜 빵을 일상식사로 만들었다. 로마제국은 빵을 대량 생산하여 시민에게 주었다. 중세시대 빵은 높은 접시로 사용되었고 식사 중에 먹기도 했지만, 식후엔 거지나 동물에게 주었다. 15세기 이후 나무 접시가 나오면서 지금의 빵자리를 찾았다. 흰빵은 귀족이 먹는 빵이었다. 보리 호밀 귀리 등 전체 곡물들 검은 빵은 가난한 이들이 먹었다. 검은 빵은 20세기 이후에 영양빵으로 인정받았다. 산업혁명은 빵을 대량에 이바지했다. 다양한 빵이 소비되는 현대엔 건강에 관심으로 통곡물빵, 무글루텐 빵이 인기다

곡물을 재배하고 가공하여 빵을 만드는 과정은 인류 문명과 한 몸으로 발전해왔다. 인류는 빵을 잘 먹기 위해, 어디에나 있는 발효종을 이용했을 뿐, 눈으로 보이지 않는 발효종이 생태를 어디까지 데려갈지 아직도 우리는 다 모른다.

〈한 끼 브래드〉

• • • •

당근 시금치 양파 무 콩까지 온갖 채소를 다져서 찹쌀 리소토를 만들었다. 한 끼 영양이 충분하니 부디 굶지 않고 한 끼를 꼭 챙겼으면 해서 빵 속을 단단히 채웠다. 누구든 배짱 든든히 엄지척을 세우는 하루가 되길 바라며…

〈소금빵〉

　소금이란 작은 타악기가 몸에서 몸을 두드렸다. 소금이 구워지는 동안 버터는 빵의 결마다 스며들어 고소한 풍미를 내뿜었다. `시오`는 소금이란 일본어지만, 우리는 `소금빵`이라 부른다. **소금빵을 좋아하는 사람은 세상에 소금이 되려는 사람,** 소금 노래를 부르는 사람, 제 몸속 1% 소금을 지키려는 사람이다.

〈치아바타〉

넣을 것이야 많아도 한 꼬집 소금만 넣어 발효한 빵을 두고, 누구는 발사믹을 찍어 먹고 누구는 버터를 발라 먹고 누군가는 채소 듬뿍 끼워 넣은 샌드위치를 먹을 것이다. 빵을 소쿠리에 가득 담으면 낮은 목숨에서 낮은 목숨으로 건너가는 세상이 보인다. 맛은 담백한 관계를 닮아서 오랜 나눔도 질리지 않는다.

〈크루아상〉

흰 빨강 층층나무 시린 가지마다 겨울 눈 슈가파우더가 뿌려지고 반달이 뜬다. 프랑스가 더 많은 버터로 크리미한 맛을 만들자 오스트리아는 아무도 말도 안 했다고 한다. 크로와는 반달이란 뜻이니 버터를 사이에 넣고 접고 접어 만드는 크루아상은 오스트리아에서 시작되었다고 한다.

〈100통밀빵〉

• • • •

어린왕자가 직접 농사한 통밀가루는 영양 만점 건강한 건강빵이 된다.

〈당뇨걱정〉

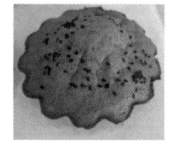

설탕대신 스테비아를 물대신 계란을 밀가루 대신 호밀.통밀.돼지감자. 연잎가루,오곡으로 만들었어요.

매우 건강한 맛이라 밀가루나 밥을 못드시는 분들만 드시는 거친 듯 보드라운 빵이랍니다.